만화
데일카네기
인간관계론2

데일카네기 인간관계론 2

만화

데일 카네기 지음 | 길문섭 엮고 그림

미르북
컴퍼니

 PART3

상대방을 설득하는 12가지 방법

논쟁을 피하라 · 10

적을 만드는 길과 그것을 피하는 방법 · 25

잘못을 했으면 솔직하고 신속하게 인정하라 · 52

상대방을 이해시키는 확실한 방법 · 66

소크라테스의 비결을 활용하라 · 76

불만을 해소하는 안전밸브 · 85

상대방의 협력을 얻는 방법· 94

기적을 가져오는 공식· 101

모두가 원하는 것· 107

모두가 좋아하는 호소법· 115

쇼맨십을 발휘하라· 126

모든 방법이 효과가 없을 때 쓰는 방법· 131

리더가 되는 9가지 방법

칭찬과 감사의 말로 시작하라 · 140

미움을 사지 않고 비판하는 방법 · 147

자신의 실수를 먼저 이야기하라 · 151

명령받는 것을 좋아하는 사람은 없다 · 157

상대방의 체면을 세워 줘라 · 159

사람들을 성공으로 이끄는 방법 · 166

개에게도 좋은 이름을 지어 줘라 · 175

실수는 고치기 쉽다 · 181

당신이 제안한 일을 상대방이 기쁜 마음으로 하게 하라 · 187

기적을 낳은 편지들

가정을 행복하게 만드는 7가지 방법

부부 사이의 무덤을 파는 가장 빠른 방법 · 208

사랑하라 그리고 있는 그대로 살게 하라 · 217

이렇게 하면 이혼 법정 일정을 알아보게 될 것이다 · 223

모두를 행복하게 만드는 가장 빠른 방법 · 231

여성들에게 정말 큰 의미를 가지는 것들 · 239

행복해지고 싶다면 이것을 기억하라 · 246

결혼 성생활의 문맹이 되지 마라 · 256

인간관계 실전 노트 · 268

원칙 1 논쟁에서 이기는 유일한 방법은 논쟁을 피하는 것이다.
The only way to get the best of an argument is to avoid it.

원칙 2 상대방의 의견을 존중하라. 절대로 틀렸다고 말하지 마라.
Show respect for the other person's opinions. Never say, "you're wrong."

원칙 3 잘못을 했으면 솔직하고 신속하게 인정하라.
If you are wrong, admit quickly and emphatically.

원칙 4 우호적인 태도에서 출발하라.
Begin in a friendly way.

원칙 5 상대방이 신속하게 '네' 하고 답하도록 이끌어라.
Get the other person saying "yes, yes" immediately.

원칙 6 상대방으로 하여금 많이 이야기하게 만들어라.
Let the other person do a great deal of the talking.

원칙 7 상대방에게 당신의 생각을 자신의 생각인 것처럼 느끼게 만들어라.
Let the other person feel that the idea is his or hers.

원칙 8 상대방의 입장에서 사물을 보도록 진심을 다하라.
Try honestly to see things from the other person's point of view.

원칙 9 상대방의 생각과 욕구에 공감하라.
Be sympathetic with other person's ideas and desires.

원칙 10 상대방의 고결한 동기에 호소하라.
Appeal to the nobler motives.

원칙 11 당신의 생각을 극적으로 연출하라.
Dramatize your ideas.

원칙 12 도전 정신을 불러일으켜라.
Throw down a challenge.

PART 3

상대방을 설득하는 12가지 방법

논쟁을 피하라

제1차 세계대전이 끝나고 얼마 후 나는 런던에서 귀중한 교훈 하나를 얻었다. 그때는 내가 로스 스미스 경의 매니저로 일할 때였다.

전쟁이 한창일 당시 로스 경은 최고의 조종사였고 전쟁이 끝난 후에는 30일 만에 지구 반 바퀴를 날아와 사람들을 놀라게 했다.

이는 유례없는 위업이었고 전 세계에 큰 반향을 일으켰다.

적을 만드는 길과 그것을 피하는 방법

시어도어 루스벨트가 대통령직에 있을 때 자신의 생각 중 75퍼센트가 옳다면 기대치에서 최고점을 찍은 것이라고 고백했다.

그처럼 위대한 인물이 이렇다면 당신과 나처럼 평범한 사람은 어떨까?

당신의 생각이 55퍼센트 정도만 옳다고 확실할 수 있다면 월스트리트에서 하루에 백만 달러는 벌 수 있을 것이다.

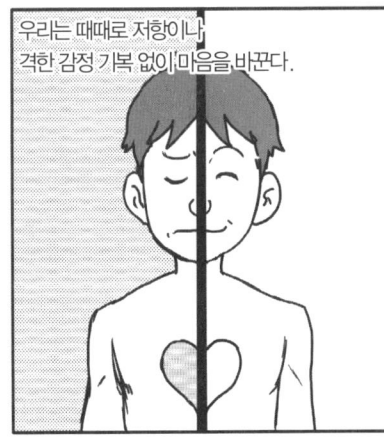

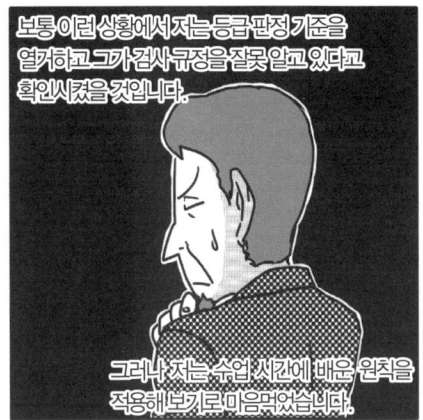

잘못을 했으면 솔직하고 신속하게 인정하라

나는 지리학적으로 봤을 때 뉴욕의 중심부에 살고 있지만, 집에서 1분 거리 안에는 원시림이 있다.

그곳에는 다람쥐가 집을 만들어 살고 있고, 쥐꼬리망초가 말의 머리만큼 자라 있다.

이곳은 포레스트 파크라 불린다.

콜럼버스가 아메리카 대륙을 발견했을 때의 풍경과 비슷한 숲이다.

나는 이 숲을 보스턴테리어 렉스와 자주 산책한다.

그들은 환호하며 장군의 뒤를 따랐다. 병사들은 대열을 이루고 깃발은 펄럭이며 총검은 태양 아래 빛나고 있었다. 실로 굉장한 광경이었다.

그들은 계속 나아갔고, 단호한 결의로 진격을 멈추지 않았다.

그런데 매복해 있던 북군 보병대가 묘지 능선 석벽 뒤에서 나타나 기습 공격을 개시했다.

언덕 꼭대기에서는 화산이 폭발하는 것 같았다. 도살장이나 다름없었다.

얼마 후, 피켓 장군의 부대는 거의 모든 지휘관이 사망했고, 5천 명에 이르던 병사는 1천 명으로 줄었다.

최후의 돌격을 이끌었던 아미스테드 장군은 돌진하며 석벽을 뛰어넘고 그의 검 끝에 달린 모자를 흔들며 소리쳤다.

착검하고 전원 앞으로!

상대방을 이해시키는 확실한 방법

소크라테스의 비결을 활용하라

대화를 시작할 때는 절대 당신과 반대되는 것부터 말하지 말고, 동의하는 것부터 강조하고 또 강조하라.

상대방이 처음부터 '네' 하고 말하도록 대화를 이끌어라.

SAY YES!!

오버스트리트 교수는 자신의 책 《인간행동에 영향을 미치는 법》에서 이런 이야기를 하고 있다.

'아니오'라는 대답은 커다란 장애물이다. 누군가 '아니오'라고 대답하면 그 사람은 자존심을 지키기 위해 일관성을 유지하려고 한다.

자신의 '아니오'라는 대답이 옳지 못한 행동이었다고 느끼더라도 자존심 때문에 그 입장을 고수하게 된다.

한번 말을 뱉고 나면 그 말에 집착하게 된다. 대화를 시작할 때는 긍정적인 방향에서 시작하는 것이 중요하다.

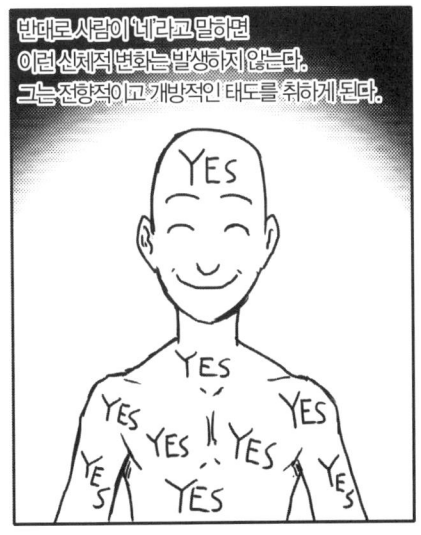

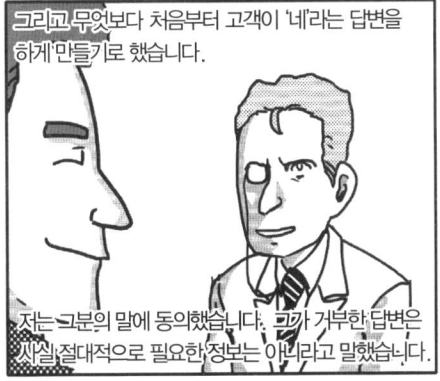

불만을 해소하는 안전밸브

사람들은 상대방을 설득하려고 할 때 혼자만 말한다. 특히 판매사원들이 이런 실수를 저지른다.

상대방이 말하게 만들어라.

그들에게 질문하고 상대방이 당신에게 말하게 유도하라.

분명 끼어들고 싶은 유혹을 느낄 것이다. 하지만 그래서는 안 된다. 그것은 굉장히 위험한 행동이다.

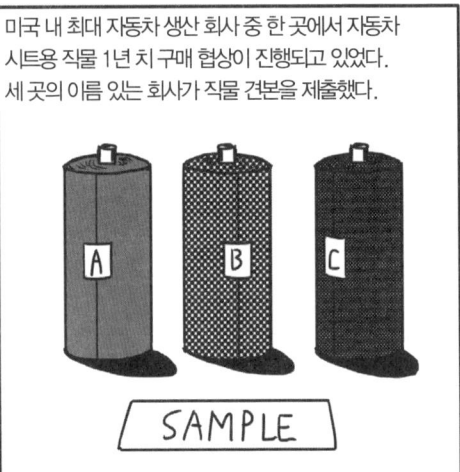

상대방의 협력을 얻는 방법

기적을
가져오는 공식

다른 사람이 틀릴 수도 있다는 점을 우리는 기억해야 한다. 그러나 상대방은 그렇게 생각하지 않는다.

그를 탓하지는 마라. 상대방을 이해하려고 노력하라. 오로지 현명하고 참을성 있고 뛰어난 사람들만이 그렇게 하려고 노력한다.

다른 사람들이 그들의 방식대로 생각하고 행동하는 데에는 그럴 만한 이유가 있다. 그 숨겨진 이유를 찾아라.

진심으로 그 사람의 입장에 서도록 노력하라.

모두가 원하는 것

모두가 좋아하는 호소법

J. 피어폰트 모건은 사람이 행동하는 데에는 두 가지 이유가 있다고 말했다.

그럴듯해 보이는 이유와 진짜 이유다.

그 사람 자신만이 진짜 이유를 생각하고 있을 것이다.

속으로 이상주의자인 우리 모두는 그럴 듯해 보이는 동기 역시 생각하고자 한다.

사람을 변화시키기 위해서는 고결한 동기에 호소해야 한다.

쇼맨십을 발휘하라

모든 방법이 효과가 없을 때 쓰는 방법

원칙 1 칭찬과 감사의 말로 시작하라.
Begin with praise and honest appreciation.

원칙 2 상대방이 자신의 실수를 간접적으로 알아차리게 하라.
Call attention to people's mistakes indirectly.

원칙 3 상대방을 탓하기 전에 자신의 실수에 대해 먼저 말하라.
Talk about your own mistakes before criticizing the other person.

원칙 4 직접적인 명령 대신 질문을 하라.
Ask questions instead of giving direct orders.

원칙 5 상대방의 체면을 세워 줘라.
Let the other person save face.

원칙 6 작은 발전에도 칭찬하고 진심으로 인정하라.
Praise the slightest improvement and praise every improvement.
Be "heavy in your approbation and lavish in your praises."

원칙 7 상대방에게 부응할 만한 훌륭한 명성을 제공하라.
Give the other person a fine reputation to live up to.

원칙 8 격려하라, 잘못은 쉽게 고칠 수 있는 것처럼 대하라.
Use encouragement. Make the fault seem easy to correct.

원칙 9 당신이 제안한 일을 상대방이 기쁜 마음으로 하게 하라.
Make the other person happy about doing the thing that you suggest.

PART 4

리더가 되는 9가지 방법

칭찬과 감사의 말로 시작하라

미움을 사지 않고 비판하는 방법

어느 날 제철공장을 살펴보던 찰스 슈워브는 직원 몇 사람이 흡연을 하는 것을 보게 되었다. 그들 머리 위에는 '금연' 푯말이 붙어 있었다.

슈워브는 "자네들은 글을 읽을 줄도 모르나?"라고 말했을까?

물론 아니다.

그는 직원들 쪽으로 가서 담배를 한 개비씩 건네며 말했다.

자네들이 밖에서 담배를 피워 준다면 정말 고맙겠네.

자신의 실수를 먼저 이야기하라

몇 년 전, 조카 조세핀 카네기가 내 비서로 일하겠다고 왔다. 그 아이는 열아홉 살로 3년 전에 고등학교를 졸업했으나 사회 경험은 거의 없었다.

요즘 그녀는 수에즈 서부 지역에서 가장 유능한 비서 중의 한 사람이 되었다.

하지만 초창기에는 부족한 점이 많았다. 하루는 내가 야단치려고 할 때 스스로에게 질문을 던졌다.

잠깐, 나는 조카인 조세핀보다 나이가 두 배나 많고, 사회 경험은 만 배나 많다.

그런데 어떻게 내 관점과 판단력, 창의력을 그녀가 가지고 있으리라고 기대할 수 있단 말인가.

명령받는 것을 좋아하는 사람은 없다

최근에 나는 아이다 타벨 여사와 식사를 하며 즐거운 시간을 보냈다.

우리는 '사람과 잘 지내는 법'이라는 매우 중요한 주제에 대해 토론했다.

그녀는 오웬 D. 영의 전기를 쓸 당시 이야기를 해 주었다.

3년 동안 일을 하면서 그가 누군가에게 명령하는 것을 들어 본 적이 없어요.

그는 늘 제안했을 뿐이지 명령하지는 않았어요.

예를 들어 그는 '이렇게 하세요'라거나 '이렇게 하지 마세요.'라고 말한 적이 없었습니다.

원칙 4.

직접적인 명령 대신 질문을 하라.

Ask questions instead of giving direct orders.

상대방의 체면을 세워 줘라

몇 년 전에 제너럴 일렉트릭 컴퍼니는 찰스 슈타인메츠를 부서장에서 물러나게 해야 하는 민감한 사안을 처리해야 했다.

슈타인메츠는 전기에 대해서는 손꼽히는 천재였지만 회계 부서장으로는 턱없이 부족한 인물이었다. 그러나 회사 입장에서는 그의 심기를 건드리고 싶지 않았다.

그는 회사에서 없어서는 안 될 인물이었고 예민한 사람이어서 그에게 새로운 직함을 주었다.

원칙 5.

상대방의 체면을 세워 줘라.

Let the other person save face.

사람들을 성공으로 이끄는 방법

개에게도 좋은 이름을
지어 줘라

실수는 고치기 쉽다

당신이 제안한 일을 상대방이 기쁜 마음으로 하게 하라

1915년, 인류가 경험하지 못한 엄청난 규모의 대량 살상이 유럽에서 벌어졌다.

그는 유럽 지도자들과 협의를 위해 평화사절단을 보내기로 했다.

평화가 찾아올 수 있을까?

윌슨은 평화를 위해 힘쓰기로 결심했다.

원칙 9.

당신이 제안한 일을 상대방이 기쁜 마음으로 하게 하라.

Make the other person happy about doing the thing that you suggest.

기적을 낳은 편지들

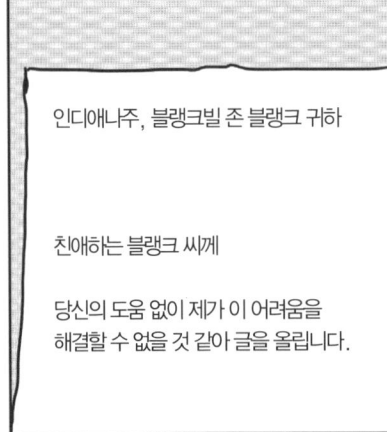

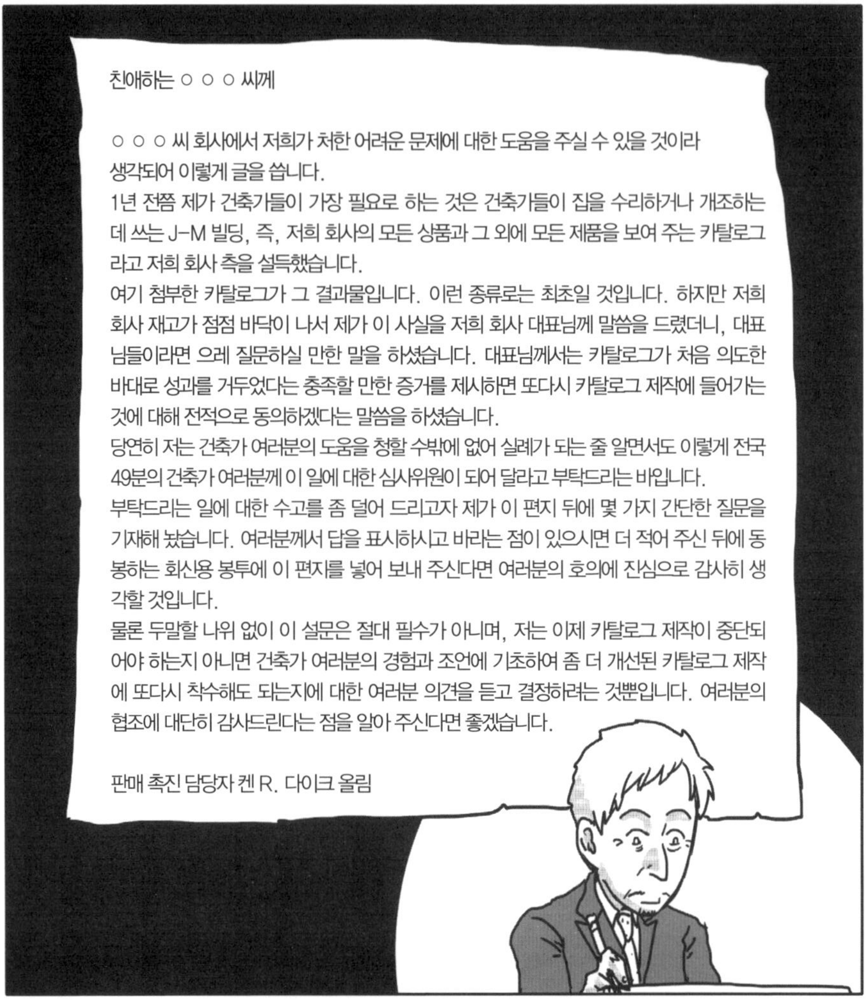

친애하는 ○ ○ ○ 씨께

○ ○ ○ 씨 회사에서 저희가 처한 어려운 문제에 대한 도움을 주실 수 있을 것이라 생각되어 이렇게 글을 씁니다.

1년 전쯤 제가 건축가들이 가장 필요로 하는 것은 건축가들이 집을 수리하거나 개조하는 데 쓰는 J-M 빌딩, 즉, 저희 회사의 모든 상품과 그 외에 모든 제품을 보여 주는 카탈로그라고 저희 회사 측을 설득했습니다.

여기 첨부한 카탈로그가 그 결과물입니다. 이런 종류로는 최초일 것입니다. 하지만 저희 회사 재고가 점점 바닥이 나서 제가 이 사실을 저희 회사 대표님께 말씀을 드렸더니, 대표님들이라면 으레 질문하실 만한 말을 하셨습니다. 대표님께서는 카탈로그가 처음 의도한 바대로 성과를 거두었다는 충족할 만한 증거를 제시하면 또다시 카탈로그 제작에 들어가는 것에 대해 전적으로 동의하겠다는 말씀을 하셨습니다.

당연히 저는 건축가 여러분의 도움을 청할 수밖에 없어 실례가 되는 줄 알면서도 이렇게 전국 49분의 건축가 여러분께 이 일에 대한 심사위원이 되어 달라고 부탁드리는 바입니다.

부탁드리는 일에 대한 수고를 좀 덜어 드리고자 제가 이 편지 뒤에 몇 가지 간단한 질문을 기재해 놨습니다. 여러분께서 답을 표시하시고 바라는 점이 있으시면 더 적어 주신 뒤에 동봉하는 회신용 봉투에 이 편지를 넣어 보내 주신다면 여러분의 호의에 진심으로 감사히 생각할 것입니다.

물론 두말할 나위 없이 이 설문은 절대 필수가 아니며, 저는 이제 카탈로그 제작이 중단되어야 하는지 아니면 건축가 여러분의 경험과 조언에 기초하여 좀 더 개선된 카탈로그 제작에 또다시 착수해도 되는지에 대한 여러분 의견을 듣고 결정하려는 것뿐입니다. 여러분의 협조에 대단히 감사드린다는 점을 알아 주신다면 좋겠습니다.

판매 촉진 담당자 켄 R. 다이크 올림

원칙 1	절대 잔소리를 하지 마라. Don't Don't nag!
원칙 2	배우자를 변화시키려고 하지 마라. Don't try to make your partner over.
원칙 3	비난하지 마라. Don't criticize.
원칙 4	진심이 담긴 칭찬을 하라. Give honest appreciation.
원칙 5	작은 관심을 기울여라. Pay little attentions.
원칙 6	예의 바르게 행동하라. Be courteous.
원칙 7	결혼에 있어서 성적인 측면을 다룬 좋은 책을 읽어라. Read a good book on the sexual side of marriage.

PART 6

가정을 행복하게 만드는 7가지 방법

부부 사이의 무덤을 파는
가장 빠른 방법

프랑스의 나폴레옹 보나파르트의 조카인 나폴레옹 3세는 테바의 백작이자 세상에서 가장 아름다운 여성인 마리·외제니를 사랑하게 되어 그녀와 결혼했다.

그의 고문들은 그녀가 시시한 스페인 백작 집안의 딸이라고 했다. 그러나 나폴레옹 황제는 이렇게 응수했다.

"그것이 뭐 어떻단 말인가?"

그녀의 품위, 젊음, 매력, 아름다움이 황제에게 더할 수 없는 신성한 기쁨을 선사했다.

사랑하라 그리고 있는 그대로 살게 하라

저는 제 삶에서 수많은 바보짓을 저질렀습니다.

하지만 저는 절대 사랑 때문에 결혼하는 바보 같은 짓은 하지 않을 겁니다.

디즈레일리

그는 정말 그렇게 하지 않았다. 그는 서른다섯이 될 때까지 미혼으로 지내다가 그보다 열다섯 살이나 많은 미망인에게 청혼했다.

그 미망인은 50년간 겨울을 보낸 것처럼 백발을 하고 있었다.

사랑해서 결혼하느냐고? 아니다.
그녀는 그가 자신의 돈 때문에 결혼한다는 것을 알고 있었다.

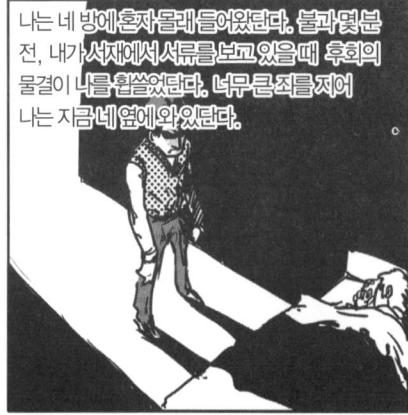

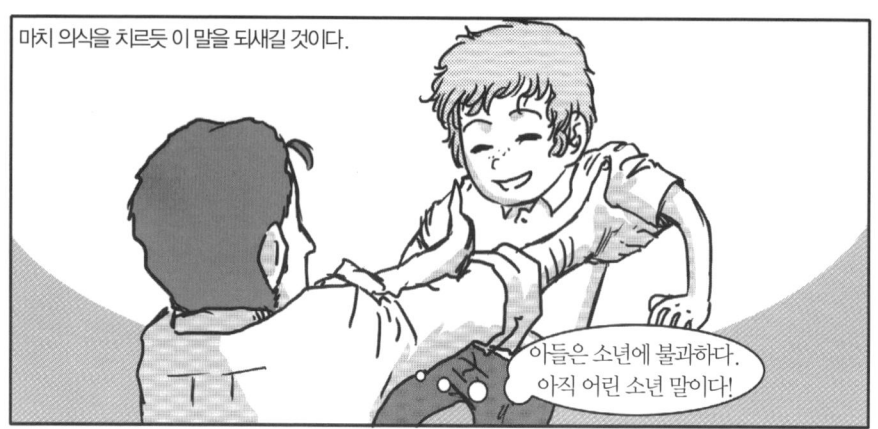

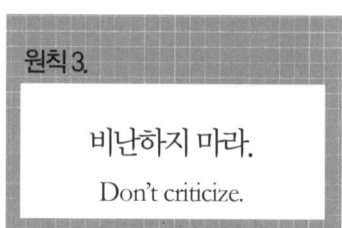

모두를 행복하게 만드는 가장 빠른 방법

로스앤젤레스의 가정 관계 연구소 소장 폴 포피노는 이렇게 말한다.

대부분의 남성들은 자신이 최고라고 느끼게 해 주고 그들의 허영을 채워 줄 만한 매력과 의지를 갖춘 사람을 찾는다.

한 번쯤 부서 담당자를 맡은 여성이 점심에 초대받을지도 모른다.

그러나 그녀는 자신의 대학 시절 들었던 '현대 철학의 주요 흐름' 같은 진부한 내용을 음식을 나눠 주듯 전해 주고, 자기 밥값은 자기가 내겠다고 고집 피울 가능성이 꽤 높다.

결과적으로 그녀는 그날 이후 점심을 혼자 먹게 되는 것이다.

원칙 4.

진심이 담긴
칭찬을 하라.

Give honest appreciation.

여성들에게 정말 큰 의미를 가지는 것들

아득히 먼 옛날부터 꽃은 사랑의 언어로 간주되었다.

특히 제철에 나는 꽃은 그 값이 비싸지도 않다.

그러나 보통 남편들이 수선화 한 다발을 사들고 집에 가는 일은 드물다.

당신은 그 꽃이 구름이 뒤덮고 있는 알프스 산 절벽에 피어난 에델바이스처럼 구하기 힘든 것이라고 생각할지도 모른다.

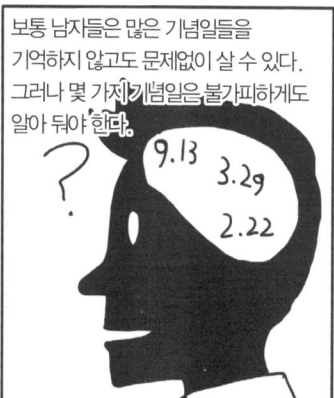

행복해지고 싶다면 이것을 기억하라

월터 담로시는 미국에서 제일가는 웅변가 중의 한 사람이자 한때 대통령 후보였던 제임스 G. 블레인의 딸과 결혼했다.

그들은 아주 오래 전 스코틀랜드에 있는 앤드류 카네기의 집에서 만났을 때부터 부부가 된 지금까지 눈에 띌 정도의 행복한 삶을 누리며 살고 있다.

그 비밀은 무엇이었을까?

모든 남자들은 자신이 아내의 눈에 입을 맞추면 아내가 자신의 눈이 장님이 될 때까지 남편의 잘못을 눈감아 주고, 입술에 입을 맞추기만 하면 굴처럼 입을 다물고 말없이 있어 주리라는 것을 안다.

왜냐하면 그녀는 남편에게 자신한테 어떻게 하면 따라 줄지에 대한 완벽한 그림을 제공했기 때문이다.

그래서 남편이 아내의 기분을 맞춰 주고 돈을 낭비해 가며 아내에게 옷을 사줄 때, 아내는 화를 내야 할지 아니면 정나미 떨어진다고 해야 할지 모르게 된다.

그러므로 가정생활을 행복하게 꾸리고 싶다면,

원칙 6.

예의 바르게 행동하라.
Be courteous.

1. 성적 불균형

2. 여가 시간을 보내는 방법에 대한 견해 차이

3. 경제적인 어려움

4. 정신적, 육체적, 혹은 감정적 비정상

만화
**데일카네기
인간관계론2**

인간관계 **실전 노트**

사람들을
비판, 비난하거나
불평하지 말라.

Don't **criticize**,
condemn or complain.

솔직하고
진지하게
칭찬하라.

Give **honest**,
sincere appreciation.

상대방의 **마음에 강한 욕구를** 불러일으켜라.

Arouse in the other person **an eager want.**

_____

상대방에게 **진심으로 관심을** 가져라.

Become **genuinely interested in** other people.

_____

인간관계 **실전 노트**

미소 지어라.　　　Smile.

상대방의 이름을 소중히 여기고 기억하라.

Remember that **a person's name** is to that person the sweetest and most important sound in any language.

상대방의 이야기에 귀 기울이고, **상대방이 스스로에 대해 말하도록** 하라.

Be a good listener. Encourage **others to talk about themselves.**

상대방의 **관심사**에 관해 이야기하라.

Talk in terms of **the other person's interests.**

인간관계 **실전 노트**

상대방이 **자존감을** 느끼게 하라.

Make the other person **feel important** and do it sincerely.

논쟁에서 이기는 유일한 방법은 **논쟁을 피하는 것**이다.

The only way to get the best of an argument is **to avoid it.**

상대방의 의견을 존중하라.
절대로 틀렸다고 말하지 마라.

Show respect for
the other person's opinions.
Never say, "you're wrong."

잘못을 했으면
솔직하고 신속하게
인정하라.

If you are wrong,
admit **quickly
and emphatically.**

인간관계 **실전 노트**

우호적인 태도에서 출발하라.
Begin **in a friendly way.**

상대방이 **신속하게 '네' 하고 답하도록** 이끌어라.
Get the other person **saying "yes, yes" immediately.**

상대방으로 하여금 **많이 이야기하게** 만들어라.
Let the other person do **a great deal of the talking.**

상대방에게 **당신의 생각을 자신의 생각인 것처럼** 느끼게 만들어라.
Let the other person feel that **the idea is his or hers.**

만화
데일카네기
인간관계론2

개정판 1쇄 펴낸 날 2020년 4월 20일

지은이   데일 카네기
엮고 그린이   길문섭
펴낸이   장영재
펴낸곳   (주)미르북컴퍼니
전 화   02)3141-4421
팩 스   02)3141-4428
등 록   2012년 3월 16일(제313-2012-81호)
주 소   서울시 마포구 성미산로32길 12, 2층 (우 03983)
메 일   sanhonjinju@naver.com
카 페   cafe.naver.com/mirbookcompany

ISBN 979-11-6445-265-1 (13320)

* (주)미르북컴퍼니는 독자 여러분의 의견에 항상 귀 기울이고 있습니다.
* 책값은 뒤표지에 있습니다.
* 파본은 책을 구입하신 서점에서 교환해 드립니다.